Basilikum

Tatiana Y. Silla

Mit Illustrationen von
Linda Wolfsgruber

mandelbaums *kleine gourmandisen*
N° 17

www.mandelbaum.at
www.mandelbaum.de
ISBN 978-3-85476-556-1

2. Auflage 2022
Lektorat: Inge Fasan
Satz und Umschlaggestaltung: Michael Baiculescu
Illustrationen: Linda Wolfsgruber
Druck: Interpress, Budapest

MEINE MADELEINE: DAS BASILIKUM

Auf meinem Schreibtisch stehen zwei Fotografien. Die eine ist ein Schnappschuss, der mich als dreijähriges Mädchen mit langen blonden Haaren und im 70er-Jahre-Look zeigt, ganz damit beschäftigt, die kleinen Hände in einen anscheinend leeren Topf zu stecken. Das andere hingegen zeigt meine sizilianische Urgroßmutter, wahrscheinlich im Hof ihres Hauses in Tripoli oder in Genova, während sie eine Katze streichelt, die am Rand eines riesigen Blumentopfs mit einer dichten, strauchartigen Pflanze sitzt. Beide Fotos haben etwas mit dem Basilikum zu tun, und ich verdanke es meiner Großmutter, dass die Erinnerungen, die sich an diese Pflanze knüpfen wie die Madeleine im Gedächtnis Prousts, noch heute bestimmte Geruchsempfindungen in mir wachzurufen vermögen.

Meine Großmutter Marcella, in Triest geboren, als die Stadt noch Teil der österreichisch-ungarischen Monarchie war, hatte mehrere Jahre mit ihrer sizilianischen Schwiegermutter zusammengelebt und von ihr verschiedene Gewohnheiten übernommen, darunter den Brauch, jedes Jahr am ersten Freitag im März Basilikumsamen auszusäen. Für mich war es als Kind immer ein großes Vergnügen, »Gärtnerin« spielen zu dürfen und in bestimmtem Abstand die winzigen schwarzen, duftenden Samen in den Tontopf zu setzen. Doch diese botanischen Momente waren mit einem anderen, für mich vielleicht noch interessanteren Ritual verbunden: Geschichten über die sizilianische Urgroßmutter zu hören. Mir und meinen Cousins wurde erzählt, dass sie, deren Leben, bedingt durch die Arbeit ihres Ehemanns, eines Marinearztes, von Ortswechseln und Übersiedelungen geprägt war, nicht nur den großen, auf dem Foto abgebildeten Topf für das Basilikum mit nach Triest genommen hatte, sondern auch die Samen, die sie mit Sorgfalt in eine kleine Holzschachtel gelegt hatte; Abkömmlinge einer mythischen Pflanze, die – wer weiß wie lange – im Besitz der palermischen Familie gewesen war. Dank des häuslichen Anbaus von Basilikum blieb das Band mit dem in der Jugend verlassenen Land auch in weniger sonnigen Regionen erhalten und verstärkte sich noch durch die Zubereitung üppiger und würziger Speisen.

So kam es also, dass an jedem ersten Freitag im März auf der Terrasse der Großmutter während der Aussaat in den provisorischen Topf (bald darauf sollten die kleinen, frisch gesprossenen Pflänzchen in ein geräumigeres Gefäß übersiedelt werden) dank unserer Kinderfantasie und der von der vergnügten Stimme der Großmutter erzählten Geschichten sich ein Gefühl verbreitete, als stünde man Schulter an Schulter mit der sizilianischen Urgroßmutter, deren Vorfahren und anderen Personen, die – mehr oder weniger leibhaftig geworden – den Vorgang zu überwachen schienen. Und wie es oft mit Familienanekdoten geschieht, so erfuhren auch diese – mag sein, um uns Kinder zum Lachen zu bringen – Jahr für Jahr gewisse Variationen, was für Irritationen sorgte, da jeder seine Lieblingsvarianten hatte.

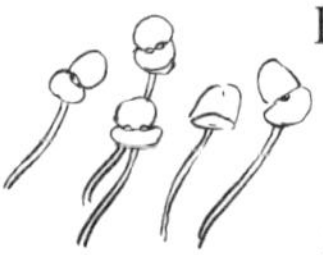

Die Aussaat des sizilianisch-triestinischen Basilikums, die ich seit etlichen Jahren eingestellt habe – am Ende bin auch ich der Bequemlichkeit des Kaufs bereits gebrauchsfertiger Pflanzen erlegen – hat mir nicht nur einen unerschöpflichen Fundus hinterlassen, auf den ich zurückgreifen kann und der die Geschichte eines Teils meiner Familie bewahrt. Sie hat in mir auch ein großes kulinarisches Interesse hinsichtlich dieser aromatischen Pflanze geweckt, das in den Rezepten, die ich hier vorstellen möchte, Niederschlag findet.

DIE ESSENZ STECKT IM NAMEN: HERKUNFT UND ETYMOLOGIE EINER KÖNIGLICHEN PFLANZE

Unter all den europäischen Ländern, in denen das Basilikum angebaut wird und in deren Küchen es Verwendung findet, ist es gerade die italienische Gastronomie, die ihm jenen königlichen Platz einräumt, der ihm gebührt. Botanischen Laien käme da leicht der Gedanke, dass das Basilikum aus dem Mittelmeerraum stammt; dies ist jedoch nicht der Fall. Auch Europa kann man ausschließen, und so bleibt seine Herkunft umstritten, weil die zahlreichen Arten unter verschiedenen klimatischen Bedingungen und in unterschiedlichen geografischen Breiten gedeihen. Aus diesem Grund neigen einige Wissenschaftler zur Annahme, es handle sich nicht um einen einzigen Ursprungsort, die einzelnen Basilikum-Arten hätten sich vielmehr in verschiedenen Kontinenten unabhängig entwickelt. Viele gehen jedoch davon aus, dass die Heimat der aromatischen Pflanze Indien sei. Von dort sei sie über Persien nach Griechenland gelangt und habe sich durch die Römer im Mittelmeerraum verbreitet. Es gibt jedoch auch Botaniker, die angesichts der großen Vielfalt der in Afrika vorkommenden Arten annehmen, der eigentliche Ursprung des Basilikums liege im tropischen Afrika. Wenn man sich über seine Herkunft und Verbreitung auch uneinig ist, so gibt es hinsichtlich seines etymologischen Ursprungs nicht den geringsten Zweifel.

Der botanische Gattungsname *Ocimum* leitet sich von *okimon*, der griechischen Bezeichnung des Basilikums ab, die vom Verb *ozein*, riechen, kommt.

Allgemein wird die duftende Pflanze jedoch mit einem Wort bezeichnet, das sich von *basilicum* herleitet, welches die jeweilige Art bezeichnet und eine Latinisierung des griechischen *basilikon phyton* ist, was königliche oder majestätische Pflanze meint und von *basileus*, König, kommt.

In vielen Sprachen findet sich dieser Name, manchmal mit Vokalvariation: *busuioc* auf Rumänisch, *basilico* auf Italienisch, *basil* auf Englisch, *basilic* auf Französisch, *basilíka* auf Isländisch, *bosiljak* auf Kroatisch, *bozilok* auf Albanisch, *bazsalikom* auf Ungarisch, *bazalka* auf Tschechisch. Über die Beifügung »königlich« gibt es verschiedene Hypothesen, wobei ein solches Adjektiv allerdings schon in der Antike sehr häufig verwendet wurde, um die Schönheit und Güte von Früchten, Pflanzen u.Ä. zu beschreiben.

Unter den vielen Hypothesen gibt es auch solche, die behaupten, das Adjektiv »königlich« leite sich von seiner Verwendung bei der Herstellung von Salben ab, die dem König vorbehalten gewesen seien – tatsächlich wird das Basilikum im Deutschen unter anderem auch Königsbalsam genannt; andere wiederum meinen, dass seine Eigenschaften und sein Duft ausschlaggebend dafür gewesen seien, dass dieses Kraut als eines Königs würdig betrachtet wurde. Diese These bestärkt der Umstand, dass sich neben der lateinischen Ableitung im Deutschen das Wort *Königskraut*, im Holländischen *koningskruid,* im Französischen *herbe royal* und im Italienischen *erba reale* findet.

Wenn, wie wir soeben gesehen haben, der Name sich in vielen Ländern von der über das Lateinische vermittelten griechischen Bezeichnung ableitet, so war es auf der Iberischen Halbinsel hingegen ein arabisches Wort, das heute nicht mehr allgemein gebräuchliche *al-habaq* (wörtlich: das Basilikum), von dem sich das spanische *albahaca* oder *alhábega*, das portugiesische *alfavaca* und das katalanische *alfàbrega* ableiten. Im Arabischen verwendet man statt *habaq* heutzutage *rehan* (arabisch: das Duftende). Davon leiten sich auch das türkische *reyhan* und das georgische *rehani* ab, das hebräische *rehan* entstammt derselben semitischen Wurzel.

Doch jene Sprache, die sich am fantasievollsten und variantenreichsten erweist, um unserem königlichen Küchenkraut zu huldigen, ist ohne den Schatten eines Zweifels das Deutsche. Im Volksmund wird es auf Deutsch als Baselguem, Basilge, Basilie, Basilienkraut, Basilkraut, Bäsilga, Borsekum, Braunsilge, Brunsiljenkraut, Brunsikn, Deutscher Pfeffer, Herrenkraut, Hirnkraut (wegen seiner nervenstärkenden Eigenschaften), Josefskräutlein, Königsbalsam, Königskraut, Krampfkräutel, Nelkenbasilie, Parasigerl, Pfefferkraut, Suppenbasil genannt.

BOTANISCH GESEHEN

Basilikum *(Ocimum basilicum L.)* gehört, zusammen mit anderen Würzkräutern wie Lavendel, Thymian, Oregano, Minze und Rosmarin zur Familie der Lippenblütler *(Labiatae)* – im Gegensatz zu den eben genannten sind die meisten Basilikumsorten jedoch einjährig. Die Pflanzengattung *Ocimum* zeichnet sich durch eine große Vielfalt von Arten aus, die ihrerseits wiederum verschiedene Varietäten bilden, deren Klassifizierung immer wieder durch neue Züchtungen und spontane Kreuzungen aktualisiert werden muss. Die verschiedenen Arten und Varietäten unterscheiden sich in Wuchs, Duft, Geschmack und Aussehen.

Die ätherischen Öle, die in jeder Varietät von anderer Zusammensetzung sind und in jeder Pflanze in unterschiedlicher Menge und Qualität vorkommen, haben großen Einfluss auf das Aroma.

Basilikum braucht einen warmen, sonnigen Platz und lockere, leicht sandige Erde, in der sich keine Staunässe bildet. Die Spitzen müssen regelmäßig gestutzt werden, um ein Blühen (das den Geschmack beeinträchtigt) zu verhindern und einen üppigen Wuchs und kräftiges Aroma zu erzielen.

Basilikum wird in Südasien, Nordafrika, Kalifornien, im Süden Russlands und in Mittel- und Südeuropa angebaut und ist, vor allem in Italien, ein wichtiges Agrarprodukt. Große Anbauflächen befinden sich vor allem in Ligurien. In der Heimat des »Genoveser« Basilikums, genauer in Novoli, der Provinz von Savona, wird Basilikum seit 2012 sogar in einem submarinen Treibhaus, im Orto di Nemo, in 8 Metern Tiefe in Hydrokultur gezogen, wodurch der Einsatz von Pestiziden vermieden werden kann.

BASILIKUM SCHMECKT NICHT NUR, ES WIRKT AUCH

Basilikum scheint in verschiedenen mittelalterlichen Kräuterbüchern auf und befindet sich unter den von Hildegard von Bingen genannten Heilkräutern. In *Physica* bemerkt sie: *»... ein Mensch, der an seiner Zunge die Lähmung hat, so dass er nicht sprechen kann, der lege Basilikum unter seine Zunge, und er wird die Sprache wiedererlangen. Aber auch wer starkes Fieber hat, der koche Basilikum in Wein und gebe Honig bei, und er seihe das, und er trinke das oft nüchtern und nach dem Abendessen, und die Fieber in ihm werden weichen.«*

Doch schon in der Antike – abgesehen von einigen Autoren, die es sogar für schädlich hielten – verwendete man es als Mittel zur Erlangung von Gesundheit und Schönheit. Basilikum ist tatsächlich reich an Vitamin A und C, Mineralsalzen, ätherischen Ölen und Antioxidantien, die den Alterungsprozess verlangsamen, indem sie freie Radikale binden. Die in den Blättern enthaltenen

ätherischen Öle haben antiseptische und entzündungshemmende Eigenschaften, sind gut für den Magen, helfen bei Blähungen und wirken beruhigend, milchbildungsfördernd, entkrampfend, hustenstillend, verdauungsfördernd und antibakteriell.

In der Volksheilkunde, aber auch in der chinesischen, tibetischen und ayurvedischen[1] Medizin ist Basilikum vor allem dank seiner beruhigenden Wirkung auf den Magen und wegen seiner verdauungsfördernden Eigenschaften noch heute ein wichtiger Bestandteil von Kräutertees und wird bei Blähungen, Völlegefühl, Magenverstimmung und Appetitlosigkeit eingesetzt. Das ätherische Öl wird nicht nur industriell für die Herstellung diverser Liköre genutzt – unter ihnen der berühmte Chartreuse –, sondern findet auch bei der Herstellung von Parfums und Seifen und in der Aromatherapie Verwendung. Sein Aroma wirkt auf das Nervensystem und fördert die Konzentration, außerdem hilft es bei Schlaflosigkeit und Migräne.

Basilikum vertreibt nicht nur lästige Insekten, das zerstampfte Kraut lindert (wie übrigens auch Spitzwegerich) Juckreiz und Entzündungsgefahr bei Insektenstichen.

1 In Indien verwendet man die Art namens Tulsi oder Tulasi, die auch als heiliges Basilikum bekannt ist, da es mit der Göttin Lakshmi, der Frau Vishnus, verbunden wird, die sich in ihrer letzten Reinkarnation in diese Pflanze verwandeln soll.

»WAS NAHMT IHR MEIN BASILIKUM MIR FORT!« BASILIKUM IN DER LITERATUR UND IN DER KUNST

In der fünften Novelle des vierten Tags des *Decameron* erzählt Boccaccio die tragische Liebesgeschichte von Lisabetta da Messina. Diese, noch unverheiratet, lebt zusammen mit ihren drei Brüdern, reichen Kaufleuten, bei denen der junge Lorenzo in Dienst steht. Lisabetta und Lorenzo verlieben sich ineinander. Als die Brüder dies bemerken, töten sie Lorenzo auf einer fingierten Geschäftsreise und vergraben seinen Körper. Der Schwester erzählen sie, er sei in ihrem Auftrag unterwegs. Lisabetta wartet vergeblich auf seine Rückkehr. Indessen erscheint Lorenzo ihr im Traum, berichtet von seiner Ermordung und gibt auch den Ort an, wo sein Körper vergraben ist. Die junge Frau findet ihn und nimmt seinen Kopf mit nach Hause. Sie umwindet ihn mit einem Tuch und legt ihn in einen Blumentopf, in den sie einige Stauden Basilikum pflanzt, das sie nur mit Rosen- und Orangenblütenwasser oder ihren Tränen gießt. Sowohl durch die ununterbrochene Pflege als auch durch die Fruchtbarkeit, welche der verwesende Kopf dem Erdreich verleiht, wird die Pflanze wunderschön und duftet köstlich. Da Lisabetta viel Zeit mit der Pflanze verbringt, kommt sie bei den Nachbarn ins Gerede. Die Brüder, denen dies zu Ohren kommt, entwenden den Topf und finden darin den halb verwesten Kopf Lorenzos. Aus Angst vor Aufklärung des Verbrechens ziehen sie nach Neapel und nehmen ihre Schwester kurzerhand mit. Lisabetta, ihrer Reliquie beraubt, stirbt vor Schmerz über deren Verlust.

Die von Boccaccio erzählte Geschichte mittelalterlichen Ursprungs wurde im Lauf der Jahrhunderte von verschiedenen Dichtern und Schriftstellern aufgegriffen und mit kleineren oder größeren Veränderungen gestaltet, sodass man fast von einem Topos sprechen kann. Im viktorianischen England gerät die Begebenheit aufs Neue ins Blickfeld künstlerischen Schaffens und inspiriert u.a. die präraffaelitischen Maler. Dies verdankt sich dem Gedicht *Isabella, or the Pot of Basil* von John Keats aus dem Jahr 1818, das die Geschichte in ein mittelalterliches Florenz (statt Messina) verlegt und den Namen des Mädchens in Isabella abändert.

Von den Werken, die Isabella, den Topf mit Basilikum umarmend, darstellen, ist das bekannteste sicher *Isabella and the pot of basil* von William Holman Hunt aus dem Jahr 1867. Der Maler zeigt die junge Frau, deren Blick ins Leere geht, in ihrem Schlafgemach, wo sich auf einem reich verzierten Möbel ein großer, von pfeildurchbohrten Herzen und Totenköpfen dekorierter vasenartiger Topf befindet. Isabella umarmt ihn hingebungsvoll, den Kopf an die Vase geschmiegt. Aus ihrem fließenden langen schwarzen Haar, das sich über den Topf ergießt, scheint die üppige Basilikumpflanze förmlich hervorzuwachsen. In das Tuch, auf dem die Vase steht, sind neben florealen Motiven zwei Schriftzüge eingewirkt: »[love] is strong as death« und »Lorenzo«.

Anders als Hunt und John William Waterhouse, der die Junge Frau 1907 in einem Garten malt, wo sie kniend den Topf mit Basilikum umfängt, illustriert John Melhuish Strudwick einen Moment, der das Drama nur andeutet: Die Brüder haben die Pflanze gerade entwendet. Durch das bleiverglaste Fenster ist zu sehen, wie sie den großen Topf wegschaffen. Isabella steht traurig in ihrem Zimmer und betrachtet, die Hand wehmütig ans Herz gedrückt, das leere Gestell. Auf dem Boden sind als Zeichen des Kampfes zwischen ihr und den Brüdern Basilikumblätter verstreut.

DIES UND DAS: BASILIKUM ZWISCHEN GESCHICHTE UND LEGENDEN

Das Basilikum hebt sich auch dadurch hervor, dass es im Zentrum der unterschiedlichsten und widersprüchlichsten Vorstellungen steht, die ihm im Lauf der Jahrhunderte immer wieder eine bestimmte Rolle zuschreiben.

War es bei den Chinesen, Indern und Arabern bereits in der Antike als Heilkraut bekannt und wurde es in Altägypten nebst anderen Substanzen und aromatischen Kräutern für die Mumifizierung verwendet, so wird seine Rolle komplizierter, wenn man die Geschichten heranzieht, die in der griechischen und römischen Welt in Umlauf sind. Bei den antiken Griechen und Römern herrschte die auch von Plinius überlieferte Überzeugung, dass man die Aussaat von Basilikum mit Beleidigungen, Verwünschungen und Flüchen begleiten solle, um ein kräftiges Wachstum zu bewirken. Auf diesen Brauch geht die Redensart *cantare ocima* zurück, womit gemeint ist, dass jemand maßlos beschimpft wird.

In der *Geoponica*, einer 20 Bücher umfassenden byzantinischen Sammlung zum Thema Landwirtschaft aus dem 10. Jhdt. n. Chr., in der sich auch wesentlich ältere Schriften finden, ist nachzulesen, dass die alten Griechen neben dem Wort *òkimon* die seltsame Umschreibung »Sklavenfeind-Kraut« für das Basilikum gebrauchten. Es sei, so heißt es dort, »... absolut schädlich. Es macht die, die es essen verrückt, lethargisch und leberkrank. Ein Zeichen seiner Giftigkeit ist der Umstand, dass die Ziege, die ansonsten alles frisst, sich von Basilikum fernhält« (vgl. auch Plinius, *Naturalis historia,* S. 15 f. in diesem Buch). Doch wie es scheint, handelt es sich nicht nur um ein den Sklaven feindliches Kraut, denn der berühmte attische Politiker Eubulos (4. Jh. v. Chr.), warnt davor, indem er über eine unangenehme Erfahrung berichtet: »Ich begab mich nach Korinth, dort ruinierte ich mich, indem ich Basilikum aß, als wäre es Gemüse. Danach verlor ich beim Spiel die Tunika, indem ich drauflos schwatzte.«

Plinius gibt uns in seiner monumentalen *Naturalis historia* wertvolle botanische Hinweise, zum Beispiel, dass es nur eine Basilikumsorte gebe, die überall gleich sei und dass die Römer sie vorzugsweise während des Fests des Pales aussäten; solches könne aber »auch im Herbste geschehen; wenn aber die Aussaat im Winter vorgenommen werden soll, so muss man den Samen in Essig einweichen«.

Plinius' Eintragungen über das Basilikum sind eben darum von großem Wert, weil sie verschiedene, einander widersprechende Ansichten enthalten, die in der Antike verbreitet waren, wie etwa jene über Basilikum und Skorpione.

»Auch das Basilienkraut hat Chrysippus nicht wenig mitgenommen; nach ihm soll es nämlich dem Magen, Urin und den Augen schädlich sein, Wahnwitz, Schlafsucht und Leberleiden erzeugen, und selbst von den Ziegen nicht angerührt werden, daher es auch von den Menschen nicht gebraucht werden müsse. Einige fügen noch hinzu, es erzeuge zerrieben und mit einem Steine bedeckt, Scorpione, und gekauet an die Sonne gelegt, Würmer. Die Afrikaner sagen, wenn jemand an demselben Tage, wo er Basilienkraut gegessen habe, von einem

Scorpione gestochen würde, so sei er unheilbar. Andere geben sogar an, wenn man See- oder Flusskrebse mit diesem Kraute zerriebe, so kämen die in der Nähe befindlichen Scorpione heran. (...) In der nachfolgenden Zeit wurde es eifrig verteidigt, denn man behauptete, dass die Ziegen es frässen, dass niemand dadurch irre geworden sei, und dass durch den Genuss desselben mit Wein und etwas Essig die Stiche der Land-Scorpione und Vergiftungen durch Seegeschöpfe geheilt würden.«

Plinius fährt dann mit einer langen Liste äußerst positiver Wirkungen von Basilikum und Basilikumessig fort. In seinem Werk *De re coquinaria* (Über die Kochkunst), der Bibel der römischen Gastronomie, dem Autor und Gourmet Marcus Gavius Apicius zugeschrieben, aber von Mehreren verfasst, wird Basilikum nur für die Zubereitung eines Erbsengerichts empfohlen, ein Umstand, der nahelegt, dass es eher zu Heilzwecken Verwendung fand als in der Küche.

Im Mittelalter erscheint es in den Klostergärten und in Kräuterbüchern, die seine Verwendung zur Heilung diverser Leiden empfehlen. In einigen mittelalterlichen Texten, aber auch in der darauffolgenden Epoche wird es von manchen sogar als Hexenkraut (vor dem Fliegen würden die Hexen eine Tasse Basilikumsaft trinken), als mit magischen Praktiken in Verbindung stehende Pflanze angesehen, geeignet zur Bereitung von Liebestränken, zum Erzielen von Erfolg, aber auch als Schutz gegen den bösen Blick oder vor dem Teufel. Heute noch wird es von

Gesellschaften aller Art für magisch-rituelle Zwecke gebraucht – etwa in der kubanischen Santería, wo es zusammen mit anderen Kräutern verbrannt wird, um Glück, Liebe, Geld und Wohlstand anzuziehen und böse Geister zu vertreiben. In der Astrologie wird die Pflanze mit dem Planeten Mars und dem Zeichen des Skorpions verbunden – doch was soll es bedeuten, wenn es uns im Traum erscheint? Es im Traum zu erblicken, so Traumdeuter, bedeute, sich aus Mangel an Verständnis in einer ausweglosen Situation zu befinden, während man, wenn man es im Traum esse, an Größenwahn leide. Wer es im Traum pflückt, ist zweifellos besser daran, denn es gilt als Zeichen einer in Kürze bevorstehenden Reise.

Basilikum spielt aber auch in der christlich orthodoxen Religion eine wichtige Rolle. In verschiedenen orthodoxen Ländern ist es Tradition, Basilikum für die Bereitung von Weihwasser zu verwenden und Töpfe mit Basilikum in den Kirchen unter die Altäre zu stellen. Diese Tradition könnte sich aus einer Legende ableiten, die besagt, dass Basilikum das einzige Kraut gewesen sei, das auf dem Kalvarienberg wuchs, und dass es das Kreuz Christi umgeben habe, welches am 14. September 320 von Helena, der Mutter Kaiser Konstantins in Jerusalem, aufgefunden wurde.

Am Tag der Kreuzerhöhung ist es in den Kirchen mit griechisch-byzantinischem Ritus Brauch, das Kreuz auf ein Bett aus Basilikumblättern zu legen. Am Ende der Zeremonie hebt der Priester das Kreuz in die Höhe und segnet damit das Volk, das anschließend vorbeizieht, um es zu verehren, wobei Basilikumblätter verteilt werden, um an den Duft des wiederauferstandenen Christus zu erinnern, den alle Christen der Welt bezeugen sollen. Während derselben Feierlichkeit werden auf Zakynthos und in anderen Teilen Griechenlands Basilikum und Mehl für Sauerteigbrot gesegnet.

Außerdem scheint es, dass die Kreuzfahrer, aber aus weltlichen Gründen, bei ihrer Rückkehr aus dem Heiligen Land ihre Schiffe damit gefüllt haben: Das Kraut sollte schlechte Gerüche und Insekten vertreiben.

Das goldene Zeitalter des Basilikums beginnt jedoch in der Renaissance. Vom Humanisten Pietro Andrea Mattioli, seines Zeichens Botaniker sowie Leibarzt Erzherzog Ferdinands II. und Kaiser Maximilians II., sind folgende Zeilen überliefert: »Basilikum ist eine stark duftende Pflanze, die in Italien allen bekannt ist. Es gibt nur wenige Häuser, vor allem in der Stadt, die im Sommer keinen [sic!] Basilikum auf dem Fenstersims, auf den Loggien oder in den Gärten haben.« Tatsächlich war es so bekannt, dass seine Verwendung in den *Esperimenti* von Caterina Sforza, Gräfin von Forlì, nicht fehlen konnte, wo es zusammen mit anderen Kräutern in ihrem berühmtesten Rezept, dem *acqua celeste* erscheint, einer Art wunderkräftigem Tonikum, das »die Alten jung werden lässt und einen Toten lebendig«. 1585 erscheint es schließlich, dank Tommaso Garzoni di Bagnacavallo, in jener Liste von Kräutern und Gewürzen, die berühmte Köche kennen sollten. Seither wurde es in Italien und in anderen Ländern mit immer weniger Argwohn betrachtet, bis ihm sein gerechter Erfolg beschieden war.

WAS DAS BASILIKUM MIT DER LIEBE ZU TUN HAT

Basilikum hat immer wieder eine wichtige Rolle in Angelegenheiten der Liebe gespielt. In einigen Erzählungen und Legenden fungierte es in der Rolle einer »Kupplerin«, die die amouröse Kommunikation zwischen Männern und Frauen in Zeiten ermöglichte, in denen sogar ein Blick gefährlich sein konnte. In Rumänien legen Mädchen in einigen Dörfern noch heute in der Johannisnacht, der sogenannten »Noaptea de Sânziene«, Basilikumzweige auf das Kopfkissen, um im Traum ihren künftigen Ehemann zu erblicken.

Doch es gibt noch einen anderen Heiligen, der mit dem Basilikum und mit der Liebe verbunden ist. Es mag nicht allgemein bekannt sein, dass der in Lissabon geborene Heilige Antonius neben vielen anderen Wunderkräften auch als zuverlässiger Heiratsvermittler, Vermittler entzweiter Paare und als Beschützer der Liebenden angerufen wird. Am 13. Juni, dem Todestag des 1231 in Padua verstorbenen Heiligen, feiert Lissabon seinen berühmten Mitbürger und Schutzpatron. Vielfältige Veranstaltungen ziehen Einheimische wie Touristen in die Straßen, wobei ein Brauch besonders interessant ist: der Geliebten einen Topf mit dem betörend duftenden kleinblättrigen *Manjerico* (dt. Kleinblättriges Basilikum; lat. *Ocimum minimum*) zu schenken. Der irdene Topf wird mit einer Papiernelke geschmückt (port. *cravo de papel*) und mit einem altmodischen Spruchband (port. *quadra popular*) versehen, das an die Spitze des Stöckchens mit der Papierblume geheftet wird. Darauf steht ein Reim, der fast immer von der Liebe, vom Stadtheiligen Antonius und von Lissabon handelt. Die Tradition will es, dass die Männer ihre Frauen mit dem Manjerico beschenken. Früher hielt ein Mann auf diese Weise um die Hand der Frau an – eine praktische und elegante Lösung für Schüchterne. Doch Achtung: Um zu verhindern, dass die

Pflanze vertrocknet, verbietet es die Tradition, dass man ihren Duft direkt durch die Nase einzieht. Um den berauschenden Duft zu genießen, muss man sich damit begnügen, die Hand ganz leicht über die Blätter gleiten zu lassen und aus ihr den Duft entgegenzunehmen.

Unter den zahlreichen Dichtern und Schriftstellern, die sich mit diesen gereimten Spruchbändern beschäftigten, findet sich auch Fernando Pessoa, der ausgerechnet an einem 13. Juni geboren ist. Hier einige seiner Verse:

Basilikum, Basilikum
Basilikum, das ich dir gab.
Es ist die Trauer, die geblieben,
auch jene, die ich morgen hab.

Nicht besser ist, als das geschenkte,
das, welches man sich kaufen kann.
Stell das Basilikum zur Seite
und schenke mir dein Herz sodann.

Basilikum, es krönt das Fähnchen,
die Nelke, aus Papier gemacht.
Oh blutrot Mund und honigsüß,
wie füllt das alles diese Nacht.

Der Topf vom Fenster fiel herunter.
Hol ihn, ich werde warten, geh!
Will sehen, ob ich dich wohl finde,
wenn du nicht mehr in meiner Näh.

Basilikum, das sie dir gaben,
und wollen geben Liebe doch,
Basilikum hast du bekommen,
die Liebe harret deiner noch.

BASILIKUM IN DER KÜCHE. PRAKTISCHE RATSCHLÄGE, KONSERVIERUNG UND GEBRAUCH

Um zu vermeiden, dass das Basilikum oxidiert und einen Großteil seiner ätherischen Öle verliert, sollte es nicht mit dem Messer gehackt, sondern von Hand zerpflückt werden. Aus dem gleichen Grund sollte es mit einem Tuch gereinigt werden, statt es zu waschen. Falls es stark verschmutzt ist, kann man es waschen und mit Küchenkrepp oder einem saugfähigen Tuch trocken tupfen.

Basilikum ist frisch am aromatischsten und wird deshalb nach Möglichkeit am Ende der Kochzeit, kurz vor dem Servieren eines Gerichts beigefügt. Dies gilt besonders für jene Rezepte, die eine große Menge an Basilikumblättern verlangen. Einige Arten, wie das neapolitanische Basilikum, sind hitzebeständiger und eignen sich deshalb für Rezepte, in denen eine längere Kochzeit verlangt wird.

Frisches Basilikum ist, obwohl auf jeden Fall vorzuziehen, nicht immer erhältlich. Was jedoch tun, um im Winter nicht darauf verzichten zu müssen? Es gibt ein paar Kniffe, um es zu konservieren, vorausgesetzt man hat sich rechtzeitig gegen Ende des Sommers einen entsprechenden Vorrat verschafft. Eine sehr einfache Konservierungsmethode ist das Einfrieren. Die von Samen gereinigten, trockenen Blätter werden auf ein mit Alufolie ausgelegtes Backblech gelegt und für ca. 2 Stunden tiefgefroren. Danach gibt man sie in einen luftdicht verschließbaren Behälter und stellt sie sofort in den Tiefkühler zurück. Duft und Farbe der Blätter halten sich einige Monate lang.

Eine andere Möglichkeit ist die Konservierung in Salz oder Olivenöl. Im ersten Fall genügt es, eine Schicht

Salz in ein luftdicht verschließbares Gefäß zu streuen, darauf folgt eine Schicht (trockener) Blätter. Man füllt so Schicht auf Schicht bis auf ca. 5 cm unter dem Rand; der Rest wird mit Salz aufgefüllt, das Gefäß verschlossen und an einem trockenen und kühlen Platz aufbewahrt. Im Bedarfsfall nimmt man die Blätter aus dem Salz (wobei man darauf achten sollte, die Speise vorher nicht stark zu salzen) und füllt das Glas wieder mit Salz auf. Für die Konservierung in Öl müssen die trockenen Blätter in ein Glas mit luftdichtem Verschluss gefüllt werden, wobei das Öl langsam dazugegeben wird und darauf zu achten ist, dass jedes einzelne Blatt perfekt ausgebreitet und von Öl umhüllt wird. Gut verschließen und im Kühlschrank aufbewahren.

Basilikum ist mit seinen zahlreichen Unterarten und Varietäten, die auf der ganzen Welt wachsen, ein äußerst vielseitiges Kraut im Kontext unterschiedlicher Traditionen, wie etwa der thailändischen und vietnamesischen Küche, wo es sich als aromatische Komponente in vielen Fleisch- und Fischspeisen sowie in Suppen findet.

Basilikum ist die Hauptzutat bei Pesto alla genovese, gibt einer Pizza Margherita oder einem einfachen Teller Spaghetti al pomodoro eine spezielle Note, doch seine Verwendung geht weit über jene in diesen klassischen Gerichten hinaus. Man kann damit beispielsweise hervorragende Sommersalate wie Caprese würzen oder die Gäste mit der Herstellung von Desserts und Torten überraschen. Es mildert den strengen Geschmack von Melanzani, passt hervorragend zu Tomaten, Paprika und Zucchini und ist außerdem zu Fleischspeisen, Fisch, Gemüse- und Cremesuppen sehr zu empfehlen. Geschmacklich passt es sehr gut zu Knoblauch, Zitrone, Petersilie, Rosmarin, Oregano und Thymian. Im Übrigen sind auch seine Blüten essbar und können über Salate gestreut werden. Basilikumblüten können aber auch in Rezepten für Beilagen, Vor- und Hauptspeisen Verwendung finden.

Auf wenigen Seiten das ganze Spektrum erfassen zu wollen, das sich hier bietet, wäre vermessen, und so können die von mir vorgestellten Rezepte nur ein Versuch sein, einen Eindruck von der Fülle möglicher Verwendungen zu geben, eine Anregung zu eigenen Kreationen und eine Ermutigung, sich von Neugier und Intuition leiten zu lassen. Aus diesem Grund habe ich auch nicht bei jedem Rezept angegeben, welche Basilikumart verwendet werden soll.

Die hier versammelten Rezepte spiegeln natürlich meine italienische Herkunft wider, weil für die eigene Art zu kochen die kulinarische Heimat immer prägend ist und Essen nun einmal ein Stück der eigenen Identität ausmacht. So soll dieses Buch nicht zuletzt der Versuch sein, einem Küchenkraut die Ehre zu erweisen, das in Italien seine zumindest europäische Wahlheimat fand und das, dank der mit ihm verbundenen Geschichten, meine Kindheit bereichert hat.

Zuletzt noch eine kleine Liste, um sich in der vielfältigen und duftenden Welt des Königskrauts zu orientieren:

- **Basilikum »Genovese«** ist die bekannteste Sorte. Mit seinem intensiven Duft und einer leichten Minznote ist es in vielen Gerichten verwendbar. Es ist das perfekte Gewürz für Pastasaucen, wie z.B. Pesto, für Gemüse, Tomatengerichte oder -salate.
- **Provence-Basilikum** ist eine buschig wachsende Sorte aus der Region Marseille. Der Geschmack ist milder als der des »Genovese«. Die Sorte ist Bestandteil der Pistou-Sauce und passt sehr gut zu Käse-, Eier-, Gemüse- und Brotgerichten sowie zu Schalentieren.
- **Zitronen-Basilikum** mit seinem erfrischend zitronigen Duft ist ideal für Obstsalate, Desserts, frische Blatt- oder Tomatensalate, aber auch für Fischgerichte.
- **Buschbasilikum** (auch als **Griechisches Basilikum** bekannt) passt mit seinen winzigen Blättern und seinem kräftigen Aroma sehr gut zu Pasta und Reisgerichten, zu frischen Salaten, Obstsalaten und zu Gemüse. Hervorragend macht es sich in Sorbets.
- **Anis-Basilikum** erinnert geschmacklich an Anis mit einer Lakritznote und ist daher vor allem für Süßspeisen und für die Zubereitung orientalischer Gerichte und pikanter Suppen optimal.
- **Zimt-Basilikum** bringt mit seinem süßen, intensiven Zimtaroma eine runde Geschmacksnote in Kräutertees und Süßspeisen, vor allem solchen auf ScholoIadebasis.

- **Afrikanisches Basilikum** ist eine mehrjährige Sorte aus der Region am Kilimandscharo und eher selten zu bekommen. Der Geschmack ist herb und erinnert an Kampfer mit einer leichten Anis-Note. Geeignet für Suppen.
- **Thai-Basilikum (Bai Horapa)** ist eine kräftige Basilikumvariante, mit einer leichten Minz-, Anis- und Lakritznote. Ein Muss für vietnamesische und thailändische Gerichte!
- Zu Sorten mit rötlichen Blättern gehören **Dark Opal, Chianti, Moulin Rouge** und **Purple Delight**. Der Geschmack der rotblättrigen Sorten ist schärfer und etwas herber. Sie werden vor allem zum Garnieren verwendet, die Blätter passen gut zu Salaten.
- **Neapolitanisches Basilikum**, wegen seiner großen Blätter auch salatblättriges Basilikum genannt, duftet ähnlich wie die Sorte »Genovese«, hat aber eine etwas stärkere Minznote. Es schmeckt leicht pfeffrig und ist ideal für Salate, Pizza, Tomatensauce und Pasta. Sein Duft bleibt auch im getrockneten Zustand intensiv.

REZEPTE

BASILIKUM, FLÜSSIG

Baxeichito

Ende der 1990er Jahre begann Gigi Picetti, legendärer Animateur im Nachtleben der Genoveser Untergrundszene, in seinem Lokal Ostaia de Banchi gleichsam als Scherz den Baxeichito, eine Mojito-Variante, anzubieten, bei dem die Minze durch *Baxeicou*, wie das Basilikum dort regional genannt wird, ersetzt wurde, um auf diese Art dem kubanischen Cocktail einen typisch ligurischen Geschmack zu verleihen.

Für einen original Baxeichito ist – wegen der Bedeutung der aromatischen Pflanze für den Geschmack des Cocktails – unbedingt Basilikum »Genovese« zu verwenden.

Für 1 Glas: 2 TL raffinierter weißer Rohrzucker, Saft einer halben Limette, 1 Zweig Basilikum »Genovese« (6–8 Blätter), ca. 10 Eiswürfel, 5 cl weißer kubanischer Rum, Mineral- oder Sodawasser, 1 zweiter Zweig Basilikum als Dekoration

Den Zucker und den Limettensaft in einen hohen Tumbler geben und beides vermischen. Es folgt das Basilikum, das nicht zerstampft werden darf, sondern nur unter leichtem Druck mit der Zucker-Limettensaft-Mischung vermengt wird. Anschließend gibt man das Eis, den Rum und zuletzt das Sodawasser hinzu. Mit Strohhalm und Basilikumzweig als Dekoration servieren.

Basilikumlikör

Die Herstellung von Basilikumlikör ist sehr einfach, doch wie für alle hausgemachten Liköre ist Geduld nötig, bis man ihn genießen kann. Er ist ein hervorragender Digestif am Ende einer Mahlzeit, eignet sich aber auch als Begleitung bzw. zur Verfeinerung von Eis oder Obstsalat, Torten und Cremes.

Für 1 Liter Likör: 100 g Basilikumblätter, Schale einer halben Bio-Zitrone, 500 ml Alkohol (95 %vol), 500 ml Wasser, 300 g Zucker

Die Basilikumblätter mit einem Tuch säubern, zusammen mit der Zitronenschale in ein luftdicht verschließbares Glas füllen und mit dem Alkohol bedecken. Gut verschlossen an einem kühlen, dunklen Ort aufbewahren.

Zehn Tage lang das verschlossene Gefäß täglich eine halbe Minute schütteln. Am Ende der Mazeration Wasser in einen Topf schütten, Zucker beifügen, zum Kochen bringen, den Zucker unter Rühren auflösen und anschließend abkühlen lassen. Filtrieren und den Sirup gut mit dem Alkohol vermischen. In Flaschen abfüllen, diese gut verschließen und vor dem Servieren 2 Monate rasten lassen. Kalt oder mit Eiswürfeln servieren.

Falls der Likör weniger Alkohol haben soll, bis zu 200 ml mehr Wasser dazugeben. Man kann das Aroma verändern, indem man einen Teil des Alkohols durch dieselbe Menge Grappa ersetzt.

Frittiertes Basilikum

Eine originelle Art, Basilikum zu verwenden, die Ihren Speisen Pfiff gibt.

Sie brauchen: große Basilikumblätter, Oliven- oder Erdnussöl

Das Öl in einer etwas tieferen Pfanne erhitzen und, sobald es heiß genug ist, die vorher mit einem Tuch gereinigten Basilikumblätter hineingeben, um sie einige Sekunden zu frittieren (sie sollen knusprig sein). Blätter gut abtropfen lassen und zum Garnieren oder anstelle von frischem Basilikum auf Pasta geben.

Roter Pesto mit getrockneten Tomaten und Mandeln

Passt perfekt als Aufstrich zu Toskanabrot, aber auch als Sauce zu gegrilltem Fleisch und Gemüse.

Für ca. 250 ml Pesto: 100 g ganze Mandeln, 50 g Basilikum »Genovese«, 1 EL Balsamico, 3 Knoblauchzehen, Salz, 100 g getrocknete Tomaten (falls in Öl eingelegt, abtropfen lassen), 50 g geriebener Parmesan, 80 ml natives Olivenöl

Mandeln in einer Pfanne unter Rühren circa 10 Minuten trocken rösten. Basilikum, Balsamico, die gerösteten Mandeln, den Knoblauch und das Salz in einen Mixer geben und einige Sekunden mixen. Dann die getrockneten Tomaten beifügen und weitere 10 Sekunden mixen. Das Öl in dünnem Strahl sehr langsam zugießen und dabei weiter mixen.

In einem luftdicht verschlossenen Glas, mit Öl bedeckt, hält der Pesto im Kühlschrank länger als einen Monat.

Pesto alla genovese

Pesto alla genovese, dessen Ursprung manche Gastronomie-Historiker von der *agiadda* ableiten, einer mittelalterlichen »Knoblauchsauce« *(agliata)*, die jedoch weder Basilikum noch Pinienkerne enthielt, oder sogar – noch weiter zurückliegend – vom römischen *moretum*, einer Sauce mit Knoblauch, Käse, verschiedenen Kräutern, Salz, Öl und Essig, ist das Wahrzeichen der ligurischen Küche und in Italien sowie weltweit eine der bekanntesten Pastasaucen.

Die Verbreitung des Pestos mit Basilikum als Hauptzutat reicht vermutlich in die Mitte des 19. Jahrhunderts, worauf der Umstand hinweist, dass zwei Autoren, Gio Batta Ratto in *La Cuciniera genovese* (Die Genueser Köchin) von 1863 und Emanuele Rossi in *La vera cuciniera genovese facile ed economica* (Die echte Genueser Köchin, einfach und preisgünstig) von 1865 ihn in ihre Rezeptsammlungen aufnahmen. Ersterer, der ihn als »Gestampftes *(battuto)* mit Knoblauchgeschmack« mit dem Wort Pesto in Klammern, bezeichnet, schlägt für seine Zubereitung die Verwendung von Parmesan und von holländischem Käse, Knoblauch, Pinienkernen, ein wenig Butter, Öl und Basilikum vor und rät dazu, dieses, falls nicht vorhanden, durch Majoran oder Petersilie zu ersetzen. Rossi hingegen bezeichnet die Sauce als »Pesto mit Knoblauch und Basilikum«, eliminiert die Butter und zieht eine Verwendung anderer Kräuter anstelle des Basilikums nicht in Betracht.

Es ist interessant, dass beide anstelle des sardischen Schafkäses holländischen Käse verwenden, eine Zutat, die in unseren Augen seltsam erscheinen mag, die jedoch vor dem Hintergrund des kommerziellen und gastronomischen Austauschs zwischen dem Hafen von Genua und den Niederlanden gesehen werden muss.

Die Zutaten (und die Mengenverhältnisse) des Pestos wurden vom Konsortium für Genueser Pesto festgelegt und umfassen Basilikum »Genovese« DOP (Denominazione d'Origine Protetta, also geschützten Ursprungs), Knoblauch aus Vessalico (Presidio Slow Food), natives Olivenöl Riviera Ligure DOP, Pinienkerne aus Pisa, Schafkäse Fiore Sardo DOP, gereiften Parmesan aus Reggio DOP und grobes Meersalz.

Pesto ist in Ligurien von solcher Bedeutung, dass die Genueser *Associazione Culturale dei Palatifini* seit 2007 alle zwei Jahre die *Campionato Mondiale di Pesto Genovese al Mortaio* abhält, eine Veranstaltung, bei der es darum geht, Pesto ausschließlich im Mörser herzustellen.

Was die Etymologie betrifft, so verweist das Verb *pestare (*zerstoßen) auf die Art der Zubereitung dieser Sauce, d.h. auf das Zerstoßen der Zutaten in einem marmornen Mörser unter Verwendung eines hölzernen Stößels.

Für 8 Personen: 4 Bund Basilikum »Genovese« (60–70 g), 1 Knoblauchzehe, 30 g Pinienkerne, 10 g grobes Meersalz, 50–60 g geriebener Parmigiano Reggiano (höchster Reifegrad), 20–40 g geriebener sardischer Schafkäse, 200–300 ml ligurisches natives Olivenöl

Basilikumblätter abzupfen, in kaltem Wasser waschen und auf Küchenkrepp oder in der Salatschleuder trocknen, wobei darauf zu achten ist, dass sie nicht gequetscht werden. Den geschälten Knoblauch in den Mörser geben, mit dem Stößel zerstampfen, die Pinienkerne dazugeben und ebenfalls zerstampfen, sodass sich beide Zutaten vermischen. Nachdem eine Art Creme entstanden ist, einige Salzkörner und die Basilikumblätter (nach und nach) beifügen und – ohne weiter zu stampfen – nur durch Rollen des Stößels in eine Richtung zerdrücken, indem gleichzeitig der Mörser mit der anderen Hand in die Gegenrichtung gedreht wird, bis eine homogene Masse entstanden ist. Das Basilikum dabei in leicht kreisender Bewegung des Stößels an die Mörserwand drücken und diesen Vorgang mehrmals wiederholen. Wenn der leuchtend grüne Saft aus dem Basilikum austritt, die beiden Käse untermischen. Das Olivenöl in dünnem Strahl dazugießen und alle Zutaten gut vermischen. Die Verarbeitung soll so rasch wie möglich erfolgen, um Oxidation zu vermeiden, die den Pesto schwarz werden lässt.

Der Pesto sollte sofort konsumiert werden. Im verschlossenen Glas und mit Olivenöl bedeckt hält er sich im Kühlschrank 3–4 Tage, längstens eine Woche. Eine gute Alternative ist es, Pesto in kleinen Portionen einzufrieren.

Für »Häretiker«, die wenig Zeit haben oder sich nicht an das Hantieren mit Mörser und Stößel heranwagen, ist auch die Benützung eines Mixers möglich. In diesem Fall empfiehlt es sich, die Messer des Mixers ins Tiefkühlfach zu legen, um zu vermeiden, dass sie sich beim Mixen zu sehr erhitzen. Auch alle Zutaten inklusive Öl sollten vor der Verarbeitung für einige Stunden in den Kühlschrank gegeben werden. Alles zusammen in den Mixer geben und immer nur kurz mixen, damit die Basilikumblätter nicht oxidieren und ihr leuchtendes Grün behalten.

Besonders gut passt Pesto alla genovese zu Trofie (siehe S. 45).

Tomatensaucen für jede Jahreszeit

Diese Saucen bilden die Grundlage der italienischen Küche und das Basilikum ist dabei eine unverzichtbare Zutat. Im Folgenden werden zwei Varianten angeführt, die je nach Jahreszeit und Zubereitung unterschiedliche Verwendung finden. Für die Sauce mit frischen Tomaten ist deren Qualität wichtig: Sie müssen immer voll ausgereift und aromatisch sein.

Sauce mit frischen Tomaten

Die typische »Sommer-Sauce« kann sowohl als Grundlage für andere Gerichte verwendet als auch pur mit Nudeln gegessen werden.

Für ca. 1 l Sauce: 1 kg reife Tomaten, 1 mittelgroße Zwiebel, 1 mittelgroße Karotte, 1 Knoblauchzehe, 8 Basilikumblätter, 1 Länge Stangensellerie, Salz, 2–3 EL Olivenöl

Die Tomaten waschen und vierteln, den Stängelansatz ausschneiden. Zwiebel und Karotte schälen und klein schneiden; Knoblauch schälen, die Basilikumblätter und die Stangensellerie waschen. Die Zutaten in einen Topf geben, knapp mit Wasser bedecken und aufkochen lassen; gelegentlich umrühren und bei mittlerer Hitze kochen, bis Tomaten, Zwiebel und Karottenstücke weich sind. Alles passieren, wieder aufkochen und unter häufigem Rühren bei mäßiger Hitze eindicken lassen. Zum Schluss salzen, 2–3 EL Olivenöl einrühren.

Sauce mit Tomaten aus der Dose

Im Winter oder im Sommer in Ermangelung schmackhafter Tomaten empfiehlt es sich, die Sauce mit Tomaten aus der Dose zuzubereiten. Auch diese Sauce kann als Grundlage für viele weitere Rezepte verwendet werden, sie schmeckt aber auch köstlich zu Nudeln.

Für ca. 750 ml Sauce: 1 mittelgroße Zwiebel, 1 Knoblauchzehe, 3–4 EL Olivenöl, ca. 750 g passierte Tomaten, Tomatenstücke oder geschälte Tomaten aus der Dose, Salz, ½ TL Zucker, 5–6 Basilikumblätter (frisch oder tiefgefroren)

Die fein geschnittene Zwiebel und die Knoblauchzehe in Öl goldgelb anschwitzen, unter ständigem Rühren Tomaten, 1 Prise Salz, Zucker und das Basilikum dazugeben. Auf kleiner Flamme 20–30 Minuten köcheln lassen, bis die gewünschte Konsistenz erreicht ist, dabei gelegentlich umrühren. Zum Schluss eventuell passieren.

Guacamole mit Basilikum

Bei diesem Rezept handelt es sich um eine Neuauflage des Avocado-Dips aus der mexikanischen Küche, wobei das Basilikum in dieser mexikanisch-mediterranen Mischung ein vielfältiges Geschmackserlebnis bereitet. Die einfach herzustellende Creme passt ausgezeichnet zu Crostini oder Tacos, aber auch zu gegrilltem Fleisch und Gemüse.

Für 4 Personen: 2 reife Avocados, 15 frische Basilikumblätter, ½ Schalotte, ½ EL grüne Currymischung (Pulver), Salz, Saft von 2 Zitronen oder Limetten, natives Olivenöl

Avocados waschen und trocknen, der Länge nach halbieren, den Kern entfernen und das Fruchtfleisch mit einem Löffel entnehmen. Fruchtfleisch von eineinhalb Avocados, die Basilikumblätter, die gehackte Schalotte, den Curry, das Salz, den Zitronensaft und 1 EL Öl in den Mixer geben. Mehrmals für wenige Sekunden mixen und dabei darauf achten, dass die Konsistenz zwar weich ist, aber dennoch ein wenig grob bleibt. Die Creme in eine Schüssel füllen, die verbliebene Avocadohälfte in Würfel schneiden und der Creme beimengen. Mit Salz abschmecken und, falls nötig, noch etwas Öl dazugeben.

Salat mit Mango, Basilikum und Limetten

Ein etwas anderer Salat mit tollen Farb- und Geschmackskombinationen, der sehr gut zu gegrilltem weißen Fleisch oder zu exotischen Speisen passt.

Für 4 Personen: 400 g Mangofruchtfleisch, ca. 10 Blätter Zitronen-Basilikum, 5 EL natives Olivenöl, Saft von 2 Limetten, weißer Pfeffer, 400 g grüner Salatmix, Salz

Das Fruchtfleisch würfeln und in einer großen Schüssel zusammen mit dem zerkleinerten Basilikum, dem Öl, dem Limettensaft und etwas weißem Pfeffer 1 Stunde marinieren. Den grünen Salat waschen und trocken schleudern und in die Schüssel mit den Mangostückchen geben. Mit Salz und Pfeffer abschmecken und, falls nötig, noch etwas Öl dazugeben.

Muffins mit Ziegenkäse und Basilikum

Die duftig weichen Muffins eignen sich hervorragend als Fingerfood, zum Aperitif, fürs kalte Buffet, für ein sommerliches Picknick am Strand, aber auch als Gebäck zu Brettljause oder Caprese.

Für 4 Personen: 2 große Eier, 50 ml natives Olivenöl, 50 ml Sonnenblumenöl, 100 ml Milch, 180 g Mehl, 12 g Backpulver (2–3 gestrichene TL), 100 g weicher Ziegenfrischkäse, 15 frische Basilikumblätter, Salz und Pfeffer, Butter für die Form

Backofen auf 180 °C Ober-/Unterhitze vorheizen. Eier zusammen mit dem Olivenöl, dem Sonnenblumenöl und der Milch verquirlen. Das mit dem Backpulver versiebte Mehl, den zerbröselten Ziegenkäse sowie die zerkleinerten Basilikumblätter hinzugeben und mit dem Schneebesen zu einer homogenen Masse schlagen. Salzen und pfeffern. Muffinformen buttern und ¾-hoch befüllen.

Im vorgeheizten Ofen ca. 20–25 Minuten backen. Auf einem Gitter auskühlen lassen.

Gefüllte Kürbisblüten

Für 4 Personen: 3 mittelgroße Kartoffeln, 1 Ei + 1 Eigelb, 4 EL geriebener Parmesan, 2 EL gehacktes Basilikum, Salz und Pfeffer, 16 Kürbisblüten, 2 EL Olivenöl

Die Kartoffeln kochen, schälen und mit einem Kartoffelstampfer oder einer Gabel in heißem Zustand pürieren; mit Ei, Eigelb, Parmesan, Basilikum, Salz und Pfeffer vermengen. Den Backofen auf 180 °C Ober-/Unterhitze vorheizen. Die Blüten vorsichtig öffnen, den Stempel entnehmen, Blüten kurz abspülen und mit Küchenkrepp trocken tupfen. Die Blüten mithilfe eines Löffels füllen, auf einem mit Backpapier belegten Backblech anordnen, mit Öl beträufeln. Im vorgeheizten Ofen 15–20 Minuten backen. Heiß servieren.

Melanzanilaibchen

Für 4 Personen: 3 mittelgroße Melanzani, Salz, 1 Ei, 1 Knoblauchzehe, Semmelbrösel, 3 EL geriebener Parmesan, 6 Basilikumblätter, natives Olivenöl

Melanzani schälen, in große Würfel schneiden und in wenig leicht gesalzenem Wasser dünsten (sie sollen weich sein, aber nicht zerfallen). Durch ein Sieb abgießen und einige Stunden darin liegen lassen, damit Flüssigkeit abtropft. Vor dem Weiterverarbeiten mit den Händen ausdrücken, um die restliche Flüssigkeit zu entfernen. Anschließend die Melanzani mit einer Gabel zerdrücken und das Ei, den gepressten Knoblauch, ca. 2 Handvoll Semmelbrösel, den Parmesan und die zerzupften Basilikumblätter untermischen. Mit Salz abschmecken und von Hand ovale, leicht plattgedrückte Laibchen formen. In reichlich heißem Olivenöl unter mehrmaligem Wenden ausbacken, sodass sie rundum gleichmäßig Farbe annehmen. Mit dem Schaumlöffel aus dem Öl nehmen und auf ein fettsaugendes Papier legen. Heiß oder kalt servieren.

Falls man ein leichteres Gericht wünscht, kann man sie auch im Ofen backen. In diesem Fall auf ein mit Backpapier ausgelegtes Backblech legen und bei 180 °C Ober-/Unterhitze ca. 20–30 Minuten backen. Während des Backvorgangs einmal wenden.

Geschmorte Melanzani

Im Unterschied zum neapolitanischen Originalrezept *Melanzane al funghetto* (es gibt auch eine Version mit Tomaten), in der die Melanzani gebraten werden, hier eine leichtere Version dieses Gerichtes, die perfekt zu einem gemischten Käseteller, aber auch zu ersten Gängen mit Pasta oder Reis sowie als Beilage passt.

Für 4 Personen: 2 große Melanzani (ca. 750 g), ½ Zwiebel, 1 Knoblauchzehe, natives Olivenöl, 10 Blätter Neapolitanisches Basilikum (langblättrig), Salz und Pfeffer

Melanzani waschen, schälen und würfelig schneiden. Die Zwiebel in feine Scheiben schneiden und den geschälten Knoblauch pressen. In eine beschichtete Pfanne 4 EL Olivenöl geben, die Zwiebel und den gepressten Knoblauch dazugeben, 2 EL Wasser hinzufügen und ein paar Minuten schmoren. Dann die Melanzani und die gehackten Basilikumblätter dazugeben, salzen, zudecken und bei niedriger Temperatur ca. 25–30 Minuten köcheln lassen. Von Zeit zu Zeit umrühren und bei Bedarf etwas Wasser ergänzen. Mit Salz und Pfeffer abschmecken.

SUPPEN

Menestrón a zeneize (Genueser Minestrone)

Das Meer und das Basilikum – beide spielen eine wichtige Rolle für die Minestrone alla genovese, einem jener Gerichte, die die Küche von Genua prägen. Bis zum Beginn des 20. Jahrhunderts wurde diese dicke Minestrone mit Gemüse und Bohnen von Verkäufern auf sogenannten »Cadrai«, auf Booten, die als schwimmende Küchen fungierten, angeboten. Diese »Küchenboote« fuhren im Hafen von Schiff zu Schiff, um den Seemännern warme Speisen anzubieten – quasi eine frühe »Hauszustellung«. Es scheint, dass eben diese Minestrone eines der beliebtesten Gerichte war – und eine der seltenen Gelegenheiten für die Mannschaft, frisches Gemüse zu essen. Es gibt, auch wegen der jahreszeitlichen Verfügbarkeit unterschiedlicher Gemüsesorten, zahllose Varianten, und jede Familie hütet eifersüchtig das eigene Rezept. Doch in keiner *menestrón a zeneize,* die ihren Namen wirklich verdient, dürfen Bohnen, Parmesanrinde und Pesto fehlen, Letzterer wird für dieses Gericht manchmal ohne Pinienkerne zubereitet.

Was die Pasta betrifft, so würde die Tradition Bricchetti (was auf Genuesisch Zündhölzer bedeutet) verlangen. Sie sind zylindrisch geformt wie Spaghetti und 2 cm lang. Oder auch die kleineren Scucuzzi, kleine unregelmäßige Teigkügelchen, die der Form nach an groben Couscous erinnern. Da diese außerhalb Liguriens aber nicht leicht erhältlich sind, können sie problemlos durch kurze Pasta des Typs Ditaloni, Ditalini, Maccheroncini rigati, Spaghetti spezzati etc. ersetzt werden.

Für 4 Personen: 25 g getrocknete Pilze, 150 g ausgelöste frische Borlotti-Bohnen (braune Bohnen) oder 100 g getrocknete (vorher eingeweicht), 200 g Fisolen, 150 g ausgelöste frische Erbsen (oder tiefgekühlte), 4 große Kartoffeln, 2 kleine Melanzani, 2 große Zucchini (oder 200 g Kürbisstücke), 300 g Karfiol (je nach Jahreszeit), 1 Zwiebel, 2 große Karotten, 3 Längen Stangensellerie, 2 Perino-Tomaten (klein und oval), 1 Parmesanrinde, 200 g kurze Pasta, 2–3 EL Basilikumpesto, natives Olivenöl, Salz

Die getrockneten Pilze in lauwarmem Wasser 20 Minuten einweichen, dann ausdrücken, in Stücke schneiden und beiseitestellen. Während des Weichens alle Gemüse putzen und (bis auf die Bohnen) in gleich große Stücke schneiden. Einen Topf mit leicht gesalzenem Wasser aufstellen. Sobald das Wasser kocht alle Gemüsestücke, die Bohnen und die Parmesanrinde einstreuen. Mindestens 1 Stunde unter häufigem Rühren kochen lassen. Nach circa 45 Minuten die Pilze beifügen. Wenn die Suppe dick wird und die Gemüse sich fast auflösen, ist die Minestrone fertig. Am Ende der Kochzeit kann man die Gemüsestücke so lassen oder, um eine sehr dicke Minestrone zu erhalten, einen Teil mit dem Schaumlöffel in einen Teller schöpfen, mit einer Gabel zerdrücken und das Püree wieder in den Topf geben.

Am Ende die Pasta, etwas Salz und, wenn nötig, ein wenig Wasser dazugeben. Wenn die Pasta noch *al dente* ist, vom Feuer nehmen und den mit nativem Olivenöl verdünnten Basilikumpesto beifügen. Gut mischen, mit Salz abschmecken und nach Belieben geriebenen Parmesan und nochmals etwas Olivenöl dazugeben.

Wollen Sie die Suppe aufbewahren, dann sollte die Pasta separat gekocht und der Pesto portionsweise dazugegeben werden. Die Minestra hält im Kühlschrank ohne diese beiden Zutaten besser.

Spargelcremesuppe mit Basilikum

Für 4 Personen: 1 Schalotte, natives Olivenöl, 3 große Kartoffeln, 400 g grüner Spargel (geputzt), 1 l Gemüsebrühe, 15 Basilikumblätter, Salz

Die blättrig geschnittene Schalotte in 2 EL Öl leicht bräunen, die geschälten, würfelig geschnittenen Kartoffeln und den in mundgerechte Stücke geschnittenen Spargel dazugeben, mit der heißen Gemüsebrühe übergießen, das Basilikum einstreuen und alles etwa 20 Minuten köcheln. Mit Salz abschmecken und die Suppe mit dem Stabmixer pürieren.

Pappa al pomodoro

Im Italienischen bedeutet »pappa« eine Speise auf der Basis von in Wasser oder Brühe gekochtem Brot oder Weizengrieß, das Wort existiert aber auch in der Kindersprache und bezeichnet jene Nahrung, die Kinder nach der Muttermilch bekommen. Doch nicht nur der Name ist mit dem Kleinkindalter verbunden. Die »pappa al pomodoro« (wörtlich in etwa: Tomatenbrei), ein einfaches toskanisches Gericht bäuerlichen Ursprungs, verdankt ihre Verbreitung in vielen Regionen Italiens tatsächlich einem Kinderbuch: »Il giornalino di Gianburrasca« von Luigi Bertelli alias Vamba, das als Serie zwischen 1907 und 1908 in einer Jugendzeitschrift und einige Jahre später in Buchform erschien.

Von diesem Suppenrezept aus der Region von Siena, bei dem es sich wahrscheinlich um eine »Resteverwertung« für altbackenes Brot handelt, gibt es viele regionale wie individuelle Varianten, die innerhalb der Familien von Generation zu Generation weitergegeben werden. Die Basisingredienzien, die dabei nicht fehlen dürfen, sind das typische »pane sciocco« (in der Bedeutung: fades Brot, weil ohne Salz gebacken) – natürlich altbacken, gerippte toskanische Tomaten (Costoluto), reichlich natives Olivenöl, unbedingt toskanischen Ursprungs, Basilikum und Salz. Das hier vorgestellte Rezept in der Variante mit eingeweichtem Brot, Peperoncino und Soffritto stammt vom Küchenchef des Restaurants Il Cibrèo in Florenz, Fabio Picchi.

Für 6 Personen: 1 kg reife Tomaten der Sorte San Marzano, ½ Wecken altes Toskanabrot, 1 große Zwiebel, 1 Karotte, 1 Länge Stangensellerie, natives Olivenöl, Peperoncino (nach Belieben), Salz, 3 Knoblauchzehen, 3 Bund Basilikum

Tomaten auf der Unterseite kreuzförmig einschneiden und 1 Minute in kochendes Wasser legen. Anschließend unter kaltem Wasser abschrecken, die Haut abziehen und die Samen entfernen. Das in Scheiben geschnittene Brot in 2 Glas Wasser einweichen. Wenn es vollständig aufgeweicht ist, möglichst gut ausdrücken und beiseitestellen. Inzwischen die fein geschnittene Zwiebel, Karotte und Sellerie in reichlich Olivenöl auf kleiner Flamme unter häufigem Umrühren rösten. Die in Stücke geschnittenen Tomaten und den Peperoncino beifügen, salzen und ca. 20 Minuten köcheln. Das eingeweichte Brot mit dem Kochlöffel in die kochende Sauce einrühren und ca. 15 Minuten auf niedriger Flamme unter häufigem Rühren weiterkochen lassen. Den Knoblauch unterdessen sehr fein schneiden, das Basilikum grob zerzupfen und über die vom Herd genommene Pappa streuen. Mit Salz abschmecken und reichlich Olivenöl einrühren. Vor dem

Servieren mindestens 30 Minuten rasten lassen. Die Pappa schmeckt heiß und, besonders an heißen Sommertagen, auch gekühlt.

PASTA, GNOCCHI UND RISOTTI

Risotto mit Kürbis und Basilikum

Für die Zubereitung von Speisen mit Kürbis verwendet man in der italienischen Küche normalerweise Kräuter wie Salbei und Rosmarin. Im hier vorgeschlagenen Risotto erhält der Kürbis in Kombination mit Butter und Basilikum eine ungewöhnliche, feine Note. Basilikum und Kürbis verkörpern die unterschiedlichen Jahreszeiten Sommer und Herbst und verbinden sich hier auf köstliche Weise.

Für 4 Personen: 400 g grob gewürfeltes Kürbisfruchtfleisch, 1 Schalotte, 2 EL natives Olivenöl, 360 g Risottoreis (Carnaroli oder Arborio), trockener Weißwein, 1 l Gemüsesuppe, 1 kleiner Bund Basilikum, Salz und Pfeffer, 30 g Butter, Parmesan

Die Kürbisstücke dünsten und noch heiß mit einer Gabel zerdrücken. Die Schalotte in feine Scheiben schneiden und in Olivenöl goldgelb braten. Den Reis dazugeben und einige Minuten unter ständigem Rühren anrösten. Mit etwas Weißwein ablöschen und den Alkohol vollständig verdampfen lassen. Einen Schöpflöffel heiße Suppe beifügen und rühren. Immer wieder einen Schöpfer Suppe nachgießen, sobald der Reis die Flüssigkeit zur Gänze aufgenommen hat. Ca. 18–20 Minuten unter häufigem Rühren weiterkochen. Nach der halben Kochzeit den Kürbis und die Hälfte des Basilikums zum Reis geben und mit dem Kochvorgang fortfahren, wobei nach

Bedarf gesalzen wird. Am Ende der Garzeit den Topf vom Herd nehmen, das verbliebene Basilikum, das Butterstück und ein wenig Parmesan dazugeben, gut mischen und zugedeckt 2 Minuten rasten lassen. Mit weiterem Parmesan bestreut sofort servieren.

Risotto mit griechischem Basilikum und Feta

Für 4 Personen: 20 Zweige griechisches Basilikum, ½ Schalotte, 1 EL Olivenöl, 350 g Risottoreis (Carnaroli), trockener Weißwein, 1 l Gemüsesuppe, 160 g Fetakäse, 1 Stück Butter, Salz (falls nötig)

Das Basilikum säubern und die Blättchen von den Stängeln lösen. Die fein geschnittene Schalotte auf kleiner Flamme in Olivenöl goldgelb rösten.

Den Reis dazugeben und unter ständigem Rühren einige Minuten mitrösten. Mit einem Schuss Weißwein ablöschen und den Alkohol zur Gänze verdampfen lassen. Einen Schöpflöffel heiße Suppe beifügen und rühren. Immer wieder einen Schöpfer Suppe nachgießen, sobald der Reis die Flüssigkeit zur Gänze aufgenommen hat. Ca. 18–20 Minuten unter häufigem Rühren weiterkochen. Nach der halben Kochzeit den zerbröselten Feta und die Hälfte des Basilikums dazugeben und mit dem Kochvorgang fortfahren, wobei nach Bedarf gesalzen wird. Am Ende der Kochzeit den Topf vom Herd nehmen, die Butter sowie das verbliebene Basilikum unterrühren und den Risotto vor dem Servieren zugedeckt ca. 2 Minuten rasten lassen.

Kürbisgnocchi mit Mascarponesauce und Basilikum

Für 4 Personen: 20 g Basilikumblätter + 7–8 Basilikumblätter für die Garnitur, 350 g mehlige Kartoffeln, 350 g Kürbisfruchtfleisch in groben Stücken, Salz, 80 g geriebener Parmesan, 1 Ei, 180 g Mehl (universal), 1 Schalotte, 30 g Butter, 250 g Mascarpone

Backofen auf 180 °C Ober-/Unterhitze vorheizen und 20 g Basilikum pürieren. Kartoffeln waschen, mit der Schale in Salzwasser weich kochen, abseihen, schälen und mit dem Kartoffelstampfer zerdrücken.

Kürbisfruchtfleisch auf einem mit Backpapier ausgelegten Backblech im vorgeheizten Ofen ca. 30 Minuten backen. Aus dem Ofen nehmen und mit dem Kartoffelstampfer oder der Flotten Lotte pürieren. Auf einer Arbeitsfläche die beiden Pürees mit einer Gabel mischen, Salz, die Hälfte des Parmesans, das Ei und das pürierte Basilikum dazugeben und, wenn alles gut vermengt ist, nach und nach das Mehl untermischen und den etwas klebrigen Teig mit den Händen kneten. Eine Kugel formen und ca. 30 Minuten rasten lassen. Dann den Teig stückweise zu daumendicken Teigrollen formen und Gnocchi davon abschneiden. Die Zinken einer Gabel bemehlen und in die Gnocchi drücken, damit sie ihr typisches Muster bekommen. Gnocchi in sprudelndem Salzwasser kochen und mit einem Schaumlöffel herausheben, sobald sie an die Oberfläche kommen. Während die Gnocchi kochen, die Schalotte hacken und in der Butter anschwitzen, Mascarpone und Parmesan beifügen und mit Salz abschmecken. Gnocchi in die Pfanne geben und 2–3 Minuten durchziehen lassen. Mit gehackten Basilikumblättern garnieren und etwas zusätzlichem Parmesan servieren.

Trofie mit Pesto, Fisolen und Kartoffeln

Über Pesto alla genovese (siehe S. 29) haben sich in den letzten Jahren dank seines vielfältigen Geschmacks die kreativsten Köche der halben Welt die Köpfe zerbrochen. Sie haben ihn nicht nur als Pastasauce verwendet, sondern auch für andere Gerichte. In der Genueser Tradition wird er mit Trofie (längliche, gedrehte Pastasorte mit spitz zulaufenden Enden) oder zu Trenette (ähnlich Spaghetti, aber mit dreieckigem Querschnitt) gegessen, wobei mit der Pasta klein geschnittene Kartoffeln und Fisolen mitgekocht werden. Die Fisolen sind ein Hinweis für die Vielfalt an Gemüsen, die in der ligurischen Küche eine Rolle spielen, während die Verwendung von Kartoffeln dafür sorgt, dass das Resultat durch die ins Wasser abgegebene Stärke cremiger ausfällt und sich der Pesto besser mit den anderen Zutaten verbindet.

Für 4 Personen: 200 g Kartoffeln, 150 g frische Fisolen, 400 g Trofie oder Trenette, reichlich Pesto alla genovese, grobes Meersalz, natives Olivenöl, Parmesan

Kartoffeln schälen, waschen und in kleine, regelmäßige Würfel schneiden. Die Fisolen putzen und in Stücke schneiden. Die Kartoffeln in einen Topf mit kochendem Salzwasser geben, nach 5 Minuten auch die Fisolen dazugeben und beides weitere 10 Minuten kochen. Dann die Pasta beifügen. Wenn die Pasta gekocht ist, alles abseihen, den Pesto in eine große Schüssel geben und die Pasta samt Gemüse dazugeben. Gut vermischen und, falls nötig, noch ein wenig Öl hinzufügen. Mit etwas Parmesan bestreut servieren.

Spätzle mit Basilikum

Für 4 Personen: 25 g Basilikumblätter, 2 Eier, 30–40 ml Wasser, 1 EL Olivenöl, 1 gestrichener TL Salz, 300 g Mehl (universal)

Basilikumblätter mit den Eiern, dem Wasser, Öl und Salz mixen. Das Mehl in eine Schüssel geben, die Flüssigkeit nach und nach beifügen und mit einer Gabel vermischen, bis ein homogener Teig entsteht.

In einem geräumigen Topf reichlich Wasser zum Kochen bringen, salzen und die Spätzle mithilfe eines Spätzle-Hobels oder eines Spätzle-Siebs langsam in das kochende Wasser tropfen lassen.

Spätzle so lange kochen, bis diese an der Oberfläche schwimmen. Die Spätzle mit einem Schaumlöffel herausnehmen.

Mit Tomatensauce Nummer 1 oder Nummer 2 (siehe S. 32 f.) oder mit dem Pesto aus getrockneten Tomaten und Basilikum (siehe S. 28) anrichten.

Parmigiana di melanzane

Zwischen den verschiedenen Regionen Italiens gibt es zahlreiche gastronomische Dispute über den Ursprung gewisser Speisen und einer der heftigsten ist über ein Gericht entbrannt, dem das Basilikum eine schmackhafte Note verleiht. Sizilien, Kampanien und die Emilia sind es, die sich als Urheimat der Parmigiana di melanzane sehen, die außerhalb Siziliens auch Melanzane alla parmigiana genannt wird.

Die Melanzana ist dank der Araber im XV. Jahrhundert nach Italien, genauer gesagt nach Sizilien gelangt, was ein Indiz für den sizilianischen Ursprung des Gerichts sein könnte. Geht man jedoch nach der Herkunft des Namens, so verkomplizieren sich die Dinge und wirken verwirrend. Etymologisch könnte sich der Name von der Italianisierung des sizilianischen Ausdrucks *parmiciana* herleiten, der sich auf die übereinanderliegenden Lamellen einer Holzjalousie bezieht, an welche die Schichtung der Melanzanischeiben in besagtem Rezept erinnert. Doch die Etymologie führt auch in eine andere Region, nämlich die Emilia. Das Wörterbuch Devoto-Oli definiert den Terminus wie folgt: »... nach Art der Parmigiani kochen, oder besser der Bewohner der Stadt Parma, bedeutet, Gemüse in Schichten zu kochen.«

Das erste schriftlich überlieferte Rezept, das sich allerdings vom heutigen ein wenig unterscheidet, legt hingegen einen neapolitanischen Ursprung nahe. Es wurde von Vincenzo Corrado, einem berühmten Koch, der zwischen dem 18. und dem 19. Jahrhundert in Diensten mehrerer neapolitanischer Adelsfamilien stand, 1773 in einer Abhandlung mit dem Titel *Il cuoco galante* (Der galante Koch) niedergeschrieben.

Ein erster Text, in dem die Zubereitung mit der heute üblichen in allen Details übereinstimmt, findet sich allerdings erst im Jahr 1837 in der Publikation *»Cucina teorica-pratica« (Theoretisch-praktische Küche)* des neapolitanischen Herzogs Ippolito Cavalcanti Buonvicino. Ein weiteres Indiz also, das für Neapel spricht, das Geheimnis des wahren Ursprungs jedoch nicht lüftet.

Für 4 Personen: 400 g Caciocavallo, Provola oder Mozzarella, 1 kg Melanzani, grobes Salz, Mehl, Erdnussöl, Tomatensauce (Sommer- oder Winter-Variante, S. 32 f.), 12 Basilikumblätter, 100 g Parmesan (gerieben)

Den Käse in feine Scheiben schneiden. Die Melanzani waschen, die Enden entfernen, in ca. 5 mm schmale Scheiben schneiden und in Schichten in ein Nudelsieb legen. Jede Lage mit grobem Salz bestreuen. Mit einem Gewicht ca. 1 Stunde lang beschweren, sodass Flüssigkeit abtropft.

Die Melanzani unter fließendem Wasser abspülen und gut trocknen, indem man sie mit einem Geschirrtuch betupft. Den Ofen auf 180 °C Ober-/Unterhitze vorheizen.

Die Melanzanischeiben bemehlen, überschüssiges Mehl abklopfen und in reichlich Öl langsam braten, bis sie eine gleichmäßig goldgelbe Färbung annehmen. Mit einem Schaumlöffel entnehmen, abtropfen lassen und auf eine Platte mit fettsaugendem Papier legen.

In eine ofenfeste Form einige Löffel Tomatensauce geben und eine Schicht Melanzani darüberlegen. Diese mit weiterem Sugo, einigen Basilikumblättern, den Käsescheiben und dem geriebenen Parmesan bedecken. Auf dieselbe Art lagenweise fortfahren, bis alle Zutaten verbraucht sind.

Im vorgeheizten Ofen mindestens 40 Minuten backen (Mozzarella enthält mehr Flüssigkeit und die Parmigiana braucht entsprechend länger). Aus dem Ofen nehmen und vor dem Servieren 15 Minuten rasten lassen.

Goldbrassenfilets mit Basilikum und Limetten

Basilikum ist ein Küchenkraut, das auch bei Fischgerichten Verwendung findet. Dieses schnelle Rezept eignet sich auch für andere Fischarten wie Zahnbrasse, Wolfsbarsch oder Kabeljau.

Für 4 Personen: 800 g Goldbrassenfilet, 50 g Butter, natives Olivenöl, 1 Knoblauchzehe, Salz und Pfeffer, Saft einer Limette oder Zitrone, 7 Basilikumblätter

Fischfilets in Stücke von circa 4–5 cm schneiden. In einer großen beschichteten Pfanne 25 g Butter und 1 EL Öl erhitzen, den geschälten und in zwei Hälften geschnittenen Knoblauch beifügen und bei niedriger Hitze 1–2 Minuten anbraten, dann herausnehmen und die Fischstücke einlegen. Auf Mittelhitze 5–6 Minuten von allen Seiten anbraten. Mit Salz und Pfeffer abschmecken, die Fischstücke auf einer Anrichteplatte abtropfen lassen und warm halten. Die verbliebene Butter, den Zitronensaft und das in feine Streifen geschnittene Basilikum in einer Pfanne wärmen, kurz durchmischen, den Fisch auf Tellern verteilen, mit der Sauce übergießen und zusammen mit gemischtem Salat oder Bratkartoffeln servieren.

Lachsforellenfilet mit Basilikum

Für 4 Personen: 6 Scheiben Toastbrot, 1 Handvoll Basilikum, 6 EL natives Olivenöl, 4 Lachsforellenfilets, Salz

Den Ofen auf 180 °C Ober-/Unterhitze vorheizen. Vom Brot die Rinde entfernen und das weiche Innere mit den Basilikumblättern und dem Öl im Mixer zerkleinern. Forellenfilets in einer beschichteten Pfanne mit etwas Öl auf beiden Seiten leicht anbraten. Backblech mit Backpapier auslegen und die Filets mit der Haut nach unten darauf verteilen, salzen und mit der Brotmasse bedecken, dabei die Masse mit der Gabel leicht andrücken. Im vorgeheizten Ofen ca. 10 Minuten backen.

Tintenfisch alla carrettiera

Montalbano: »Was hast du eingekauft?«

Adelina: »Erster Gang *Pasta mit Sardinen* zweiter Gang *Tintenfisch alla carrettiera.*« (Nach Kutscherart.)

Dieser Klassiker der sizilianischen Küche wurde von Andrea Camilleri sehr geschätzt, der ihn im Krimi »Der Hund aus Terracotta« unter den Spezialitäten nennt, welche die getreue und mürrische Adelina, Haushälterin des Kommissars und exzellente Köchin, zubereitet.

Für 4 Personen: 1 Tintenfisch (gut 1 kg), 6 große, reife Tomaten, natives Olivenöl, 4 Knoblauchzehen, 1 Bund Basilikum, Salz und Pfeffer

Den Tintenfisch unter fließend kaltem Wasser spülen und dabei mit den Händen den schleimigen Belag so gut wie möglich von Kopf und Tentakeln streifen. Die Innereien im Kopfsack entfernen, die Augen und die harten Kauwerkzeuge wegschneiden. Um das Fleisch zarter zu machen mit einem Fleischklopfer einige Minuten leicht klopfen. In einem geräumigen Topf reichlich Salzwasser zum Kochen bringen. Sobald es kocht, den Tintenfisch am Kopf nehmen und nur die Tentakel, den fasrigsten und härtesten Teil, drei Mal ins Wasser tauchen, bis sie sich einrollen. Danach vollständig untertauchen und ca. 1 Stunde kochen. Im Kochwasser 15–20 Minuten auskühlen lassen, herausnehmen, den Kopf abtrennen und in Stücke schneiden. Wenn man will, mit dem Messer oder mit Küchenkrepp die Haut von Kopf und Tentakeln streichen.

Die Tintenfischstücke zusammen mit den in Stücke geschnittenen Tomaten in eine Suppenschüssel geben und mit reichlich Olivenöl, dem gepressten Knoblauch (oder ganzen Zehen, die man am Ende entfernen kann) und dem Basilikum marinieren. Mit Salz und Pfeffer abschmecken, durchmischen und eine Stunde rasten lassen.

Hühnerbrust mit Balsamico

Die Hühnerbrust macht sich ausgezeichnet in Gesellschaft von Balsamico und getrocknetem Basilikum als winterliches Gericht.

Für 4 Personen: 1 kleine Zwiebel oder Schalotte, 4–5 EL natives Olivenöl, 800 g Hühnerbrust, 1 Dose geschälte Tomaten in Stücken, 6 Blätter getrocknetes Basilikum, 16 entkernte schwarze Oliven, 3 EL Balsamicoessig, Salz und Pfeffer

Die in feine Scheiben geschnittene Zwiebel in einer Pfanne mit Olivenöl leicht Farbe annehmen lassen. Die vorher in Stücke geschnittene Hühnerbrust dazugeben und rösten, bis sie auf beiden Seiten goldgelb ist. Die Tomaten und die zerkleinerten Basilikumblätter hinzufügen, umrühren und zugedeckt circa 30 Minuten kochen lassen. Zuletzt die entkernten Oliven und den Balsamico beifügen, mit Salz und Pfeffer abschmecken und nochmals 5 Minuten kochen lassen.

Rindfleisch mit Thai-Basilikum

Für 4 Personen: 600 g faschiertes Rindfleisch, 4 EL Sojasauce, 320 g Jasminreis oder Basmati, 4 EL Erdnuss- oder Sonnenblumenöl, 3 Knoblauchzehen, 1 EL frischer Ingwer (gerieben), 1 rote Chilischote, 2–3 EL Fischsauce, 1 EL Zucker, ca. 80 ml Weißwein (4–5 EL), 4 Bund Thai-Basilikum (Bai Horapa)

Das Fleisch 10 Minuten in 2 EL Sojasauce marinieren. Reis nach Packungsanleitung zubereiten. Inzwischen in einem beschichteten Wok oder in einer Pfanne Knoblauch, Ingwer sowie die entkernte und in feine Streifen geschnittene Chilischote braten. Das Faschierte, 2 EL Sojasauce und 2 EL Fischsauce beifügen und bei starker Hitze garen (3–4 Minuten), dabei die Fleischklümpchen immer wieder auseinanderteilen. Mit dem Zucker bestreuen, den Weißwein dazugeben und unter Rühren verkochen lassen. Zum Schluss das Thai-Basilikum untermischen. Mit dem warmen Reis servieren.

Falls kein Thai-Basilikum erhältlich ist, dessen Charakteristik der Geschmack nach Zitrus und Minze ist, kann man normales Basilikum verwenden, dem ein wenig Zitronenschale und Zitronensaft sowie ein paar Minzblätter beigegeben werden.

Basilikumsorbet

Für 4 Personen: 4 Eiweiß, 500 ml trockener Sekt, 18 Blätter Zitronen-Basilikum (+ einige zum Garnieren), 100 g Zucker, Saft einer Zitrone

Eiweiß zu steifem Schnee schlagen. Den Sekt, die gewaschenen und getrockneten Basilikumblätter, den Zucker und die Zitrone auf höchster Stufe ca. 1 Minute mixen. Den Eischnee löffelweise unterheben und die Masse vorsichtig in einen Behälter gießen, den man 45 Minuten ins Gefrierfach stellt. Das Sorbet in Gläser füllen und mit Basilikumblättern garnieren.

Birnentorte mit Basilikum

Für 6 Personen: 125 g Butter, 125 g Zucker, 1 Päckchen Vanillezucker, 3 große Eier, etwas Salz, 1 Päckchen Weinstein-Backpulver, 220 g Bio-Dinkelmehl, 3 EL Milch, 4 reife Birnen, Staubzucker, 1 Handvoll Zimt-Basilikumblätter (15–20 Stk.), Mehl und Butter für die Form

Den Ofen auf 180 °C Ober-/Unterhitze vorheizen. In einer Schüssel Butter, Zucker und Vanillezucker schaumig schlagen und nach und nach die Eier einzeln dazugeben, sodann das Salz, das mit dem Backpulver versiebte Mehl, die Milch, die gewaschenen, geschälten und in Stücke geschnittenen Birnen und zuletzt das gewaschene und gehackte Basilikum hinzufügen. Die Masse in eine gebutterte und bemehlte Springform von 24 cm Durchmesser geben und im vorgeheizten Ofen 30–40 Minuten backen. Aus dem Ofen nehmen, auskühlen lassen und vor dem Servieren mit Staubzucker bestreuen.

Caprese-Torte mit weißer Schokolade und Basilikum

Für 6 Personen: 200 g weiße Schokolade, 60 ml Wasser, 175 g Zucker, 1 Bund Basilikum, 150 g Butter, 3 Eier (getrennt), 200 g feinst geriebene Mandeln (Mandelmehl), Butter für die Form, Staubzucker

Schokolade im Wasserbad schmelzen. Den Ofen auf 180 °C Ober-/Unterhitze vorheizen.

Für den Sirup das Wasser mit 50 g Zucker 5 Minuten kochen lassen. Vom Feuer nehmen, 10 Basilikumblätter dazugeben und den Sirup abkühlen lassen. Anschließend mixen.

Mit dem Messer 5 Basilikumblätter hacken und beiseitestellen. Mit dem Handmixer 75 g Zucker mit der Butter cremig rühren. Nach und nach die Eigelbe unterrühren. Daneben Eiweiß mit 50 g Zucker zu steifem Schnee schlagen. Die geschmolzene Schokolade, die gehackten Basilikumblätter und das Mandelmehl in die Eigelb-Mischung rühren und zuletzt den Eischnee vorsichtig unterheben. Alles in eine gebutterte Tortenform geben und im vorgeheizten Ofen 45–50 Minuten backen. Stäbchenprobe machen (an der dicksten Stelle anstechen; wenn nichts mehr am Stäbchen klebt, ist die Torte fertig). Abkühlen lassen. Vor dem Servieren mit Staubzucker bestreuen und mit Basilikumblättern garnieren. Zur Torte den Basilikumsirup reichen.

Basilikumkekse

Ca. 20 Zimt-Basilikumblätter, 115 g Butter, 50 g Rohrzucker, 50 g weißer Zucker, 1 Ei, 1 Prise Salz, 1 EL Weinstein-Backpulver, 200 g glattes Mehl

Basilikumblätter waschen, trocken tupfen und grob hacken. Butter und die beiden Zuckerarten schaumig schlagen und das Ei einrühren. Sodann das mit Salz und dem Backpulver versiebte Mehl samt dem Basilikum dazugeben und alles zu einer glatten Teigkugel verarbeiten. In Frischhaltefolie wickeln und zwei Stunden im Kühlschrank rasten lassen.

Den Backofen auf 175 °C Ober-/Unterhitze vorheizen, den Teig mit dem Nudelholz auf einer bemehlten Fläche oder zwischen zwei Bogen Backpapier ca. 1 cm hoch ausrollen, Kekse in beliebigen Formen ausstechen, mit reichlich Abstand auf einem mit Backpapier ausgelegten Backblech auflegen und im vorgeheizten Ofen in ca. 15 Minuten goldgelb backen.

DANKSAGUNG

Mein Dank gilt dem Verlagsleiter Michael Baiculescu, der Lektorin Inge Fasan und Irmgard Kanwar für ihre wertvolle linguistische Hilfe, Sarina Reina und Stefania Amisano für die kulinarischen Ratschläge und dem Dichter Carlos Penela für die Hilfe mit Plinius und Pessoa.

Danksagen möchte ich auch Ximena Seguel und Emiliano Zanini, die mich auf vielfältige Weise unterstützt haben und mich dazu ermunterten, das Buch zu schreiben.

Und schließlich danke ich von ganzem Herzen Radu Tanasescu, der es verstanden hat, mir in einer für mich sehr schwierigen Zeit auch in der Entfernung nahe zu sein. Er ist es, dem ich dieses Buch und folgende Verse widme: »Denn nichts kann daran etwas verändern, dass ein Teil von mir immer bei Dir ist und ein Teil von Dir immer bei mir ist.« (Ingeborg Bachmann an Paul Celan, 26. Januar 1952)

GLOSSAR

Brettljause	rustikale, pikante Brotzeit
Brösel	Krümel, Paniermehl
Faschiertes	Hackfleisch
Fisolen	Grüne Bohnen
Gemüsesuppe	Gemüsebrühe
Karfiol	Blumenkohl
Mehl (glatt)	in Deutschland Mehl Type 405
Mehl (griffig)	in Deutschland Mehl Type 550
Mehl (universal)	in Österreich gebräuchliche Mischung aus glattem und griffigem Mehl, in Deutschland Type 405
Melanzani	Auberginen
rasten	ruhen
Schöpfer	Schöpfkelle
Semmelbrösel	Paniermehl
Stangensellerie	Staudensellerie, Bleichsellerie
Staubzucker	Puderzucker
zerbröseln	zerkrümeln

TATIANA Y. SILLA

wurde 1968 in Triest geboren, wo sie Philosophie studierte. Sie lebt zwischen Turin und Wien und beschäftigt sich mit der Geschichte der Gastronomie, insbesondere in ihrer Heimatregion Friaul und Triest. Sie ist Übersetzerin und Herausgeberin (Bücher von Jacques Derrida, Placide Tempels und Wilhelm Speyer) sowie freie Forscherin im Centro Interdipartimentale di Ricerca sulla Comunicazione (CIRCE) an der Universität Turin. Bei Mandelbaum erschien von ihr das *Triestiner Kulinarium.*

REZEPTVERZEICHNIS

Basilikum, frittiert 28
Basilikumkekse 55
Basilikumlikör 27
Basilikumsorbet 53
Baxeichito 26
Birnentorte mit Basilikum 53
Caprese-Torte mit weißer Schokolade und Basilikum 54
Goldbrassenfilets mit Basilikum und Limetten 49
Guacamole mit Basilikum 34
Hühnerbrust mit Balsamico 51
Kürbisblüten, gefüllt 36
Kürbisgnocchi mit Mascarponesauce und Basilikum 44
Lachsforellenfilet mit Basilikum 50
Melanzani, geschmort 37
Melanzanilaibchen 36
Menestrón a zeneize (Genueser Minestrone) 38
Minestrone, Genueser 38
Muffins mit Ziegenkäse und Basilikum 35
Pappa al pomodoro 40
Parmigiana di melanzane 47
Pesto alla genovese 29
Pesto, rot, mit getrockneten Tomaten und Mandeln 28
Rindfleisch mit Thai-Basilikum 52
Risotto mit Griechischem Basilikum und Feta 43
Risotto mit Kürbis und Basilikum 42
Salat mit Mango, Basilikum und Limetten 35
Sauce mit frischen Tomaten 32
Sauce mit Tomaten aus der Dose 33
Spargelcremesuppe mit Basilikum 40
Spätzle mit Basilikum 46
Tintenfisch alla carrettiera 50
Trofie mit Pesto, Fisolen und Kartoffeln 45

mandelbaums *kleine gourmandisen*

Jeweils 60 Seiten | Euro 14,– | Gebunden

ARTISCHOCKE	MORCHEL
AVOCADO	ORANGE
BANANE	PASTINAK
BASILIKUM	PISTAZIE
BIRNE	QUITTE
DATTEL	RADICCHIO
ERBSE	RHABARBER
ERDNUSS	ROTE RÜBE ROTE BETE
FEIGE	SAFRAN
FENCHEL	SALBEI
GRANATAPFEL	SELLERIE
GURKE	SESAM
HEIDELBEERE	SPARGEL
HOLUNDER	STEINPILZ
JOHANNISBEERE	TOMATE
KAKAO	THYMIAN
KARFIOL BLUMENKOHL	VANILLE
KAROTTE MÖHRE	WALNUSS
MANDEL	WEICHSEL SAUERKIRSCHE
MANGOLD	ZIMT
MARONE ESSKASTANIE	ZITRONE
MELANZANE AUBERGINE	ZUCCHINI
MOHN	ZWIEBEL